SPÉCIMEN

D'UN

DICTIONNAIRE ÉTYMOLOGIQUE DU LATIN

Et du Grec dans ses rapports avec le Latin

D'APRÈS LA MÉTHODE ÉVOLUTIONNISTE

PAR

PAUL REGNAUD

PROFESSEUR DE SANSCRIT ET DE GRAMMAIRE COMPARÉE A L'UNIVERSITÉ DE LYON

LES MOTS A L'INITIALE **G**

(Essai de linguistique indo-européenne appliquée)

CHALON-SUR-SAONE
IMPRIMERIE ÉMILE BERTRAND
5, RUE DES TONNELIERS, 5

1904

SPÉCIMEN

D'UN

DICTIONNAIRE ÉTYMOLOGIQUE DU LATIN

Et du Grec dans ses rapports avec le Latin

D'APRÈS LA MÉTHODE ÉVOLUTIONNISTE

LES MOTS A L'INITIALE G

(Essai de linguistique indo-européenne appliquée)

Liste des principales abréviations

accus.	accusatif	lat.	latin
appar.	apparenté	lith.	lithuanien
arch.	archaïque	m.	masculin
B. B.	renvoi au *Dict. étym. latin* de MM. Bréal et Bailly	m. s.	même sens
		n.	neutre
		nom.	nominatif
cf.	*confer*	part.	participe
comp.	composé	pl.	pluriel
dér.	dérivé	prés.	présent
f.	féminin	rac.	racine
gén.	génitif	rad.	radical
goth.	gothique	sansc	sanscrit
gr.	grec	var.	variante

La formule abréviative B.-B. O, qui figure à la fin de différents articles, indique ceux dans lesquels le Dict. de MM Bréal et Bailly s'abstient de proposer une étymologie.

REMARQUES GÉNÉRALES

Les chiffres entre parenthèses rappellent le numéro des paragraphes du premier volume de ma *Grammaire comparee du grec et du latin* (A. Colin, éditeur, Paris), auquel le texte renvoie.

L'astérisque * qui figure en tête de différents vocables gr , lat., etc., désigne des formes restituées par hypothèse.

Toutes les voyelles des formes citées qui ne portent pas le signe de la longue sont brèves, ou longues seulement par position (selon l'expression reçue).

A l'intérieur de ces mêmes formes, une apostrophe tient lieu d'une voyelle supposée tombée par suite d'une contraction.

Toute consonne entre parenthèses est restituée en vertu de conjectures fondées sur les lois phonétiques de la langue dont fait partie le vocable cité.

L'analyse des formes, marquée par des traits horizontaux, qui en séparent les éléments morphologiques, est conforme aux accroissements qu'ont acquis ces formes au cours du développement de la dérivation. Les combinaisons analogiques (comme celles auxquelles le mot *gem-it-us*, par exemple, doit son origine) reposant en dernier ressort sur les mêmes principes, sont soumises aux mêmes procédés de dissection.

AVANT-PROPOS

La théorie linguistique dont j'entreprends l'application a été exposée dans différents travaux dont le plus considérable et le plus voisin de celui-ci est ma *Grammaire comparée du grec et du latin*[1]. C'est à la fois l'introduction et l'auxiliaire indispensable de toute étude critique du système évolutif qui s'y trouve inauguré. J'y renvoie le lecteur, mais en le priant instamment d'apporter à cette tâche une attention soutenue et le ferme propos d'embrasser l'enchaînement des faits et d'en tirer les conclusions qu'une telle synthèse comporte. Ce labeur préalable est la condition absolue d'une intelligence complète du sujet, et d'un jugement d'ensemble consciencieux et éclairé.

Pour le détail, je me bornerai à signaler tout particulièrement la théorie de la dérivation telle qu'elle est exposée au deuxième volume de ma *Grammaire comparée*, et dans l'application qu'elle reçoit ici. Vue sous un jour tout nouveau et mise ainsi d'accord avec la

1. Paris, A. Colin, éditeur.

véritable morphologie indo-européenne, elle devient le scalpel de l'étymologiste et lui permet des analyses d'une sûreté et d'une clarté que j'ose dire sans égales.

Pour mieux marquer la différence entre ma méthode et celle de mes devanciers, j'ai pris pour point de départ et terme particulier de comparaison le meilleur travail d'ensemble que nous ayons sur la matière ; le *Dictionnaire étymologique latin* de MM. Bréal et Bailly, dont je résume les conclusions à la fin de chaque article et auquel j'ai pris la liberté d'emprunter le cadre des parties relatives à la dérivation et à la composition, c'est-à-dire à la famille directe des vocables étudiés.

La confiance absolue que m'inspirent les résultats que j'ai poursuivis et obtenus tient, d'ailleurs, à une cause que j'indiquerai en deux mots. J'ai demandé aux faits si le théoricien avait raison, et les faits me répondent par la statistique suivante : sur cent étymologies prises au hasard d'une série alphabétique quelconque, 75 (à mon estimation raisonnée et documentée) sont sûres, 20 sont plus ou moins probables et 5 plus ou moins désespérées. J'ose prédire que cette moyenne sera celle dont la science de demain constatera la justesse, et cette perspective suffit à me faire prendre patience.

Je ne saurais déposer la plume sans exprimer le regret que les auteurs du *Thesaurus* latin en cours de publication[1] ne soient pas en disposition de tenir compte des données nouvelles que leur fourniraient mes travaux. Non seulement la partie étymologique de leur œuvre pourrait en tirer bénéfice, mais l'ordre d'évolution des sens, qui dépend si étroitement de l'étymologie, profiterait des mêmes secours. La magnifique entreprise de la laborieuse Allemagne risque par là d'être surannée dès ses débuts, et c'est grand dommage pour la vraie science, — celle qui fait abstraction de toute considération en dehors d'elle.

galbanum, **i** (*n.*).

Au sens de « résine », ce mot paraît emprunté à l'hébreu, comme le correspondant gr. χαλβάνη ; au sens de « vêtement » (cf. *galbinum, i* « vêtement de couleur vert pâle ou jaune »), dérivé eu égard à *galbus* (voir à ce mot).

galbus, **a**, **um**, de couleur vert pâle.

Dér. : — *galb in-us* et *galb-in-eus, a, um*, « vert pâle ou jaune » ;

galb-in-um, i (*n.*), « robe d'un vert pâle ou jaune » ;

galbin-a-tus, a, um, « vêtu de la robe appelée *galbinum* ».

galbus pour **gval(g)vus*, rad **gvalg* dont *(h)f'lāg* dans *(h)f'la(g)-vus*, est une var. (143) ; voir à ce mot et à *fulgeo*. Le sens primitif commun est « brillant, coloré », vague acception permettant la spécialisation qui s'est produite ultérieurement.

B. B. renvoie à *flāvus*.

1. Leipzig, Trubner.

galea, æ (*f.*), casque.

Dér. : — *gale-ā tus, a, um*, « coiffé d'un casque ».

Cf. peut être, gr. γαλέη, « belette, » à cause du rôle que jouait la pelleterie du genre de celle fournie par cet animal dans la fabrication des casques. Une analogie importante est présentée par le mot κυνέη, proprement « qui vient du chien », et employé pour désigner un casque en peau de chien. N'est pas impossible, non plus, la parenté avec le gr κολεός « fourreau ».

B.-B. O.

galērus, i (*m.*) et *galerum, i* (*n.*), coiffure de peau serrant la tête, casquette, perruque.

Dér. : — *galēr ı tus*, « coiffé d'un *galerus* » ;

galēr-ıc-ul-um, i (*n.*), « casquette, perruque ».

Vraisemblablement, même origine que *galea* (voir à ce mot).

B.-B. O.

gallus, i (*m.*), coq.

Dér. : — *gall-ın-a, æ* (*f.*), « poule » ;

gall-īn ac eus, a, um, « qui concerne le coq ou la poule ».

Rad. *gall*, avec lambdacisme eu égard à *garr* dans *garr io* (voir à ce mot), au sens primitif commun de « crier, chanter ». — Le coq est « le chanteur » ; cf. le sens étymologique probable du gr. ἀλεκ-τρυ όν (ἀλ-αλάζ-ω).

B. B. O.

gānea, æ (*f.*).

et **gāneum, i** (*n.*), taverne, lieu de débauche ; aussi orgie, débauche.

Dér. : — *gāne o, ōn-is* (*m.*), « débauché ».

Rad. *gan* ; parenté probable avec celui de γάν-υμαι « être joyeux ».

B.-B. O.

gannio, is, *īre*, grogner, glapir, murmurer, se plaindre.

Dér. : — *gann-īt-us, us* (*m.*), « grognement, gémissement ».

Rad. *gann* (pour **gans* (128), vraisemblablement apparenté à celui de *gemo* (**gen vo*) ; voir à ce mot. Cf. aussi γόος (*γονσος, *γοσ-ος [130]), « gémissement », *can o* (voir à ce mot), et καν-αχ-ή « son, cri ».

B.-B. O.

garrio, is, *ıre*, gazouiller, murmurer, résonner, jaser, causer.

Dér. : — *garr-ıt-us, us* (*m.*), « babıl » ;

garr-ul-us, a, um « babillard » ;

garrul ıt as, āt-is (*m.*) « babil ».

Rad. *garr* [**gar's?*, cf. lith. *gars-as* (151) « voix »] ; cf. *-gur. ıs*, dans *au-gur* (voir au mot *avıs*) ; γῆρ-υς « voıx, parole », d'où γηρύ-ω « parler, faire entendre un son » ; κῆρ-υξ « héraut, crieur » ; γλῶσσ-α (rad. *γλωξ) « voıx, parole ».

B.-B. O.

gaudeo, es. *gāvīsus sum, gaudēre*, se réjouir.

Dér. : *gaud-īum, ıı* (*n.*) « joie ».

Comp. : — *per-gaud e-o*, « manifester une grande joie ».

Rad **gāvıds* (*gavıs-us*) et (contracté) *gaud* (*gaud-ıum*). Cf. var. rad nombreuses : γηϝ'θ (γηθ-έ ω « se réjouir »), γῆθ-ος « joie » ; rad *γα(ϝ'ν(ς) dans γάν-υμαι « se réjouir », γάν ος « éclat, orgueil, joie » ; — rad. γα(ν)ς dans γαί(σ)-ω ou γαϝινσ ω « se réjouir » ; — rad. γαυρ (finale rhotacisée ; 62 et 137) dans γαῦρ-ος « orgueilleux » et γαύρ-ηξ « vantard ».

Un état primitif plus large du rad. est indiqué par ἀγαυός « admirable », ἀγαυρός « fier », ἀγάω « admirer », ἄγαμαι « admirer », ἀγάλλω « se glorifier », ἄγη « admiration ».

Si, comme il semble bien, le sens premier est « pousser des cris (de joie) », cette famille est apparentée à celles de *gannio* et de *gemo* (voir à ces mots)

B.-B. O.

gausape, is (*n.*) et **gausapum, i** (*n.*), étoffe à longs poils.

Emprunt au gr. γαυσάπης « étoffe de laine grossière ».

Ce mot est vraisemblablement apparenté à γαυσός « courbe, tortu (frisé) », en tenant compte du sens de « barbe hérissée », qui est aussi celui de *gausape*.

gelu, ūs (*n.*) gelée, glace.

Dér. : — *gel-o, as*, « geler, se geler ».

Comp. : — *con-gel-o, as*, « geler, faire geler ».

Dér. : — *gel id us, a, um*, « gelé, glacé » ;

e-gel id us, a, um, « tiède (= « frais » eu égard à « chaud »), frais, froid, glacé ».

Le dér. *gel-asc-or*, « se congeler », suppose un antécédent **gel-ax*, qui permet de rattacher le rad. *g'l ac* de *gl'ac-ies* à *gelu*, probablement pour **gel-unx*, **gel-u(ns)* ; cf. le rapport du rad. γουναζ, γουναξ dans γουνάζομαι avec γόυν. Voir aux mots *genu*, *glacies* et à la famille.

B.-B. rapproche *gelu* de l'allemand *kalt* et de l'anglais *cold* « froid ».

geminus, a, um, jumeau, double.

Comp : — *ter-gemini* et *tri gemini, æ, a*, « triple » ;

Dér. . — *gemin-o* et *in-gemin-o, as*, « doubler, accoupler » ;

con gemin-o, as, « redoubler » ;

gemin-āt-io, ōn-is (*f.*), « répétition, redoublement » ;

gem-ell-us, a, um, « jumeau, jumelle ».

Comp. : — *gemelli-para, æ* (*f.*), « mère de jumeaux ».

geminus est inséparable, ce semble, du sanscrit *yama-s*,

m. s., probablement pour *(*j*)*yan-vas* [27, 139, 145]) et de la série suivante de noms de parenté :

sansc. *jamis* pour **jān vis*, « sœur » ;

jāma pour **jan vā*, « belle fille » ;

jāmātar et *yāmatar* pour **jyān-vāt-ar*, « gendre » ;

yātar pour **jya*(*n*)-*tar*, « la femme du frère du mari » ;

vi-jaman pour **vi-jan-van*, « parent » ;

vi jāmātar pour **vi jān vāt-ar*, « beau-fils ».

geminus pour **gen-vin-us* (145, 3°) ou **gjen vin-us ;* au sens premier probable de « qui a (même) origine, même naissance » ; — rad. *gen*, **gien* (voir au mot *gigno*).

B.-B. O.

gemma, æ (*f*), bourgeon, aussi pierre précieuse.

Dér. : — *gemm-o, as* « bourgeonner, germer », aussi « briller comme des pierreries » ;

gemm-eus, a, um « orné de pierreries » ;

gemm-ā-tus, a, um, m s., aussi « qui bourgeonne ».

gemma, probablement pour **gen-va ;* rad. *gen*, identique à celui de *gigno* (voir à ce mot), au sens primitif commun de « produire », d'où « pousser » *Gemma* désigne proprement une pousse ou un bouton d'arbre ; puis, par métaphore, une pierre précieuse en forme de bouton ou d'œil d'où sortent la tige et la fleur des arbres et des plantes en général

B.-B. O

gemo, is, *ui, itum, ere*, gémir, résonner.

Comp. : — *con gem o*, « pousser de profonds gémissements » ;

in-gem-o, « gémir sur » ;

Dér. : — *gem-e-bund us, a, um*, « gémissant » ;

gem-it-us, us (*m.*), « gémissement ».

gem-isc-o, *is*, *ere* « gémir » ;
Comp. : — *con-gem isc-o* « gémir profondément » ; *in-gem-isc-o*, « gémir ».
gemisc-o suppose un antéc. **gem-es*, **gen-vex* (145).
Rad. *gen*, probablement apparenté à *gann* dans *gann-io*, « grogner, murmurer » (voir à ce mot). Cf. aussi peut être γαν-ά-ω, « glorifier », sens primitif commun « crier ».
B.-B. O.

gena, **æ** (*f.*), joue.
gen-a pour *gen-va* (141) ; cf. aussi γέν-ει(σ)-ον « menton, mâchoire », γν-άθ ος, γν-αθ-μός, « mâchoire » et, pour le sens, rad. lat. *ment* dans *ment-um*, « menton » auprès de *mand* dans *mand o* « mâcher, manger » (voir à ces mots).
Cf. sansc. *han us* « mâchoire », gr γέν-υς, m. s., goth. *kinn-us*, m. s.
Rad. *gen*, var du rad. sansc. *han* au sens primitif commun de « frapper, détruire, broyer ».
B.-B rapprochements partiellement analogues.

gener, **eri** (*m.*), gendre, aussi parfois beau-frère.
Pour **gen-ver* ; rad. *gen*, voir à *gi-g'n o*. Sens propre probable, « l'engendreur ».
Cf. gr. γαμβρός, m. s, pour *γαν Ϝρ-ος (145)
B. B. *gener* est de même origine que γαμβρός.

genista, **æ** (*f.*), genêt (arbrisseau).
Pour **zgven-ist-a* (92 et 95), auprès du gr. σχοῖν-ίς, -ίδ-ος, « corde de jonc », et σχοιν-ιτ-ις, « fait de jonc ». — Pour l'évolution du sens, cf σπαρτίον, σπαρτη, « corde de genêt », σπάρτος, « genêt », σπεῖρα, « corde », etc. — L'idée primitive commune est sans doute celle de « lien ».
B.-B. ne donne pas ce mot.

genu, **ūs** (*n.*), genou.

Dér. : — *gen-ic-ul-um*, *i* (*n.*), « genou » ;

genicul ā-tus, *a*, *um*, « noueux » (en parlant des plantes)

Cf. gr. γόνυ, m. s . sansc *jan-u*, m. s Le rad. gr. γονατ au gén., etc., γόνατ-ος est pour *γον-ϝαντ d'où les formes réduites γονϝατ, γονο', γονυ, etc.

Réduction correspondante dans les autres branches de la famille et déclinaison établie en conséquence (lat. *genu* pour *genu(n)*, etc. La forme ἰγνύ(σ)α « jarret » indique une réduction à l'initiale pour la série *genu*, etc , et permet le rapprochement avec ἀγκών (seconde syllabe) « coude, articulation », et ἀγ-κύλ-η au même sens ; de même cf. γωνία « angle ». probablement pour *ἀγ γων-ια. — ἀγ-κύλ-η autorise à remonter à un antéc ἀγ κυλ, ἀγ-κυρ, ἀγ-κυνς (137, 138) à comparer pour la première syllabe (voyelle initiale conservée) à ἰ γ'ν-ύ(σ)-α et à ἰ-γ'ν-ύς, m. s. — La forme adverbiale γνύξ, « à genoux », est sans doute un ancien nomin. accus neutre dont il convient de rapprocher surtout le rad. γουναζ ('γουναξ) de γουνάζ-ομαι « toucher les genoux, implorer ». — Le sens primitif de *genu* est « chose courbée, courbure ».

B.-B. rapprochements partiellement semblables

germānus, **a**, **um**, vrai, sincère, naturel ; proprement, qui appartient au germe, à la souche, à la famille authentique et naturelle, par opposition probablement à la parenté par adoption. Le frère *germain* (ou la sœur *germaine*) est originairement l'*ingenuus*, à savoir celui qui est libre par sa naissance même, et non *libertinus* ou affranchi.

germān us appartient à la même famille que *germen* (voir à ce mot)

Dér — *germān-it as*, *at-is* (*f*). « fraternité ».

B B. Explications partiellement semblables.

germen, -min-is (*n.*), germe, bouton, production végétale.

Dér. : — *germin-o, as,* « germer, pousser, produire » ;

germin-āt-io, on-is (*f.*) « germinaison, fait d'apparaître sous la forme de bourgeon, pousse ».

ger-men est, — soit un dérivé eu égard au rad. *ger* de *ger-o* au sens de « (pousser), produire, porter (une pousse végétale) » (voir à ce mot), — soit la forme réduite de **ger(c)-men* d'un rad. **gerc, cerex* d'où dérive *cresc-o* (voir à ce mot ainsi qu'à *grāmen, grānum* et *gremium*).

B.-B : « La racine de *ger-men* paraît bien être *gen ;* mais les exemples du changement de l'*n* en *r* sont rares. »

gero, is, *gessi, gestum, gerere,* porter, produire, tenir, faire, exécuter.

Comp : — *ag-ger-o, is,* « apporter, accumuler » ;

ag-ger, er-is (*m.*), « apport (de matériaux), accumulation, digue, levée » ;

ag-ger o, as, « accumuler, entasser, remplir » ;

ag-ger-āt-io, ōn is (*f.*), « entassement » ;

ex ag-ger-o, as, « rapporter des terres, entasser » ;

ex-ag-ger-āt-io, ōn-is (*f.*), « accumulation, amplification » ;

con-ger-o, is, « amonceler, entasser » ;

con-ger-ies, iēi (*f.*), « amas, tas » ;

con-gest-io, ōn-is (*f.*), « entassement » ;

con-gest-us, us, (*m.*), m. s ;

con-gest-īc-ius, a, um, « rapporté, entassé » ;

di-ger-o, is, « porter çà et là, diviser, reporter, digérer » ;

dī-gest-io, on-is (*f*), « distribution, digestion » ;

in-di-gest-us, a, um, « indivis, confus » ;

ē-ger-o, is, « emporter » ;

ē-gest-io, on-is (*f.*) et *ē-gest-us, us* (*m.*), « action d'emporter »,

in-ger-o, is, « apporter, mettre dans ou sur » ;
og ger-o, is, « apporter devant » ;
re-ger-o, is, « porter en arrière, emporter » ·
sug ger-o, is, « apporter sous, procurer » ;
sug-gest-um, i (*n.*), *sug-gest us. us.* (*m.*), « amas, élévation, construction, suggestion ».
Dér. : — *gest-o, as*, « porter » ;
gest-a-men, min-is (*n.*), « ce qu'on porte, vêtement, ornement », — aussi « ce qui sert à porter » ;
gest us, ūs (*m.*), « port, maintien,—attitude du corps, geste » ;
gest io, is, ire. « se livrer à des gestes, manifester sa joie par des bonds, par des mouvements du corps » ;
præ-gest-io, is, īre, « marquer par des gestes la vivacité de son espoir ou de son désir » ;
ger ul us, i (*m.*), « porteur, qui porte ».
Comp. : — en *-ger*, *-ger-us* et arch. *-ger-ul-us* ;
armi-ger (voir au mot *arma*) ;
belli-ger (voir au mot *bellum*) ;
corni ger (voir au mot *cornu*) ;
seti-ger (voir au mot *sēta*) ;
mori-gerus (voir au mot *mos*) ;
scuti-gerulus (voir au mot *scutum*).
ger-o, rad. **ges* d'où *ger* (137), var. probable de *gen(s)* (130) (voir au mot *gigno*) au sens primitif commun de « porter, produire, enfanter », d'où « faire, exécuter, accomplir » ; — voir aussi aux mots *germanus*, *germen*, *grāmen*, *granum*.
B.-B. Le sens de « porter » est le plus ancien.

gibber, **eris** (*n.*), bosse.
Probablement pour **cuib-ver* inséparable de κυφ-ός « courbé, voûté, bossu » et de κύπτ-ω, « se courber ».
B. B. ne donne pas ce mot.

gigas, ant-is (*m.*), géant.

Dér. : — *gi gant-eus, a, um,* « qui concerne les géants ».

Emprunt au gr. γί-γας, forme d'apparence redoublée pour *γι-γαντς et se rattachant vraisemblablement au rad. de *gi-g'n o* (voir à ce mot).

B. B. O.

gigno, is, *genui, genitum, gignere,* engendrer, enfanter, mettre bas, produire.

Comp. : — *in-gi-g'n-o,* « produire dans, faire naître dans »;

pro-gi-g'n-o, is, « produire, engendrer »

Dér. : — *gen-us, er is* (*n.*), « naissance, fait de naître; race, famille en (tant qu'engendrant ou engendrée) »;

gener-o, as, « engendrer, produire »;

in-gener-o, as, « implanter, inculquer dès la naissance »;

gener os-us, a, um, « qui appartient à une race établie, connue, célèbre »;

generōs it as, at-is (*f.*), « qualité qui distingue celui qui est de (bonne) famille, — générosité »;

gen-it-or, ōr-is (*m.*), « l'engendreur, le père »;

genit-'r-ix ou *genet-'r-ix* (*f.*), « celle qui engendre, la mère »;

prō-gen-ies, iei (*f.*), « progéniture, postérité »;

gens, gent is (*f.*). « la famille, la race (en tant qu'engendrant ou engendrée) »;

gent-il-is, is, e, « qui concerne la race ou la famille »;

gentīl it-as, at-is (*f.*), « fait d'appartenir à une famille, de contribuer à en constituer une »;

gentil-ic-ius, a, um, « propre à une famille »;

gen-ius, ii (*m.*), « être mythique qui, d'après la conception originelle, préside à la naissance de chaque homme et qui détermine sa personnalité intellectuelle et morale, — son caractère, son talent, son génie »;

Comp.: *in-gen-ium, ii* (*n.*), « ce qu'on tient du génie, nature propre, caractère, — ce qui constitue les qualités innées de l'individu » ;

in-geni-ā-tus, a, um, « disposé naturellement à » ;

in geni-os-us, a, um, « naturellement propre à, ingénieux »;

in-gen-i-tus, a, um, « inné » ;

in-gen-uus, a, um, « inspiré par la nature, naturel, franc, noble de caractère », d'où « ayant la franchise de caractère qu'on tient d'une condition libre » ;

in-gen-uit-as, at-is (*f.*), « franchise, noblesse de caractère » ;

Dér. . *gen-uin-us, a, um,* « naturel, inné ».

Comp. : — *indi-gen-a, æ* (*m. f. n.*), « indigène, né là où l'on est, où l'on demeure » ;

amni gen-a, æ (*m. f*), « né d'un fleuve » ;

ruri gen-a, æ (*m. f*), « originaire de la campagne » ;

aliēni gen a, æ et *alieni-genus, a, um,* « celui dont la race est étrangère » ;

indi-getes, um (*m. pl.*), « dieux nationaux (du dedans et non pas étrangers, du dehors) ».

gi-g'n-o, gen-us, etc., rad, *gen, g'n,* au sens d' « engendrer, produire ». La forme primitive est **gvents* (128, 141, etc.). Principales var , — en latin : **gents, gens,* **gets, ges* (*indigetes*) ; *-guen* dans **in-guen** « parties génitales » ; (*g*)*ven* dans (*g*)*ven-ter* « le ventre », en tant que contenant la portée des femelles reproductrices, cf. *u-ter-us* [**gvu*(*n*)*ter us*, même sens premier]) ; — le rad *ges* a donné le verbe **ges-o* « porter, produire », d'où *ger-o* (voir à ce mot), comme *gen* a donné l'arch. *geno, is,* m. s. premier.— Var. du gr.: γεν, γ'ν (dans γί-γ'ν-ομαι γέν ος) ; γυν dans γυν-ή [cf. béot. (γ)βάνα], « celle qui porte, enfante, — la femme » ; γαν dans γάμος pour *γαν-Ϝος « mariage » ; γας dans γασ-τήρ « le ventre » ; βας (ou βαστ) pour *γϝκς (143) dans βαστάζ-ω « porter ». — Var. du sansc. : *j'n, jan* (*jan-āmi, jan-us, jan-as*), *jās* pour **jāns*, **jvants*, etc.

Remarquer dans *gen-uīn-us* le suffixe *uīn* (*vīn*) à l'état complet, alors que le plus souvent il ne se présente que sous la forme réduite *īn* [(*v*)*ιn*].

B.-B. Rapprochements partiellement semblables.

gilvus, a, um, gris cendré.

Pour **gvilgvus*, même origine que celle de *galbus* « vert pâle » Voir à ce mot.

B.-B. ne donne pas *gilvus*.

gingīva, æ (*f.*), gencive.

Origine incertaine. Peut être à rapprocher pour le rad. *ging* de celui de *cing-o*. Les gencives auraient été considérées comme l'entourage ou la ceinture des dents.

B. B. ne donne pas ce mot.

glaber, bra, brum, pelé, épilé, sans poil, rasé, imberbe, glabre.

Probablement pour **g*(*v*)-'*l-ag-ver* appar. à (χ)φαλ'ακ-ϝ(ε)ρ-ός, « chauve, lisse » et φάλ-'κ-(ϝ)η, « chauve-souris ».

B.-B. O.

glacies, ēi (*f.*), glace.

Dér. : — *glac-i-āl-is, is, e*, « glacial » ;

glac-i-o, as, « glacer ».

Rad. *glac* (**g'l-ac*, **g'l-ax*), probablement au sens premier de « glisser » ; cf. γ'λ-ίσχ-'ρ-ος au sens de « gluant, glissant » ; d'un primitif *γ'λ ιξ (87) ; cf. l'hypothétique **gel ax* et voir aux mots *gelu* et *gluten*.

B.-B. « La rac. est *gel*, cf. *gelu*, avec métathèse et addition d'un *c*. »

gladius, ii (*m.*), épée.

Dér. : — *gladi-āt-or, or-is* (*m.*), « gladiateur = qui combat avec l'épée » ;

gladiatōr-ius, a, um, « qui concerne le gladiateur » ;

gladi-ol-us, i (*m.*), « poignard ».

Rad. *glad*, probablement var. de *clad* dans *clād es*, au sens primitif commun de « frapper, couper, piquer, blesser, maltraiter, détruire ». — Voir aux mots *clādes*, *cardo*, *grando* et leur famille.

B.-B. O.

glans, glandis (*f*), gland.

Comp. : — *glandi-fer, -fer-a, -fer-um*, « qui porte du gland ».

Dér. : — *gland-ium, ii* (*n.*), « glande de porc ».

Comp. : — *Ju-glans, -and-is* (*f.*), « gland de Jupiter = noix » (voir pour le premier terme au mot *dies*).

glans pour **gv'l-ands* ; cf. gr. (γ)βάλ-αν ος, m s. (143). Parenté probable avec le gr. βλάστη « germe » pour *(γ)β'λαστ-η (100) ; rad. *γϜ'λ-αζ, *γϜ'λ-ανζ (143), et peut-être avec le rad. βρυς dans βρύ(σ)-ω « pousser ».

B.-B. rapproche *glans* de βάλανος.

glārea, **æ** (*f.*), gravier.

Rad. *g'l-ār* (137) pour **g'l ās*, **g'l-ax* (90). Parenté probable avec *cal'-'x*, *cal'c-ul-us* (voir à ces mots) et χάλ-ιξ « caillou ».

B.-B. O.

glaucus, a, um, verdâtre, vert de mer.

Emprunt au gr. γλαυκ-ός, au sens synthétique et primitif de

« brillant ». Parenté avec (γ)λεύσσ-ω au sens de « briller » et (*g*)*lux* « lumière » (156); voir à ce mot.

B.-B. rapproche *glaucus* de γλαυκός.

glēba, æ (*f.*), motte de terre.

Pour **g'l-ēg-va* (143) au sens premier de « boule » ou « masse sphérique » quelconque. Origine semblable à celle de *globus* (voir à ce mot).

B.-B. O.

glis, **glīr-is** (*m.*), loir (animal).

g'l-is pour **g'l-ix* (90) à rapprocher du rad. γ'λισχ (87) de γ'λισχρ-ός, au sens primitif commun de « mou, souple », d'où « visqueux »; cf. aussi *glis* au sens de « terre grasse, glaise ». Le loir aurait reçu ce nom à cause de la douceur de son poil ou de la souplesse de ses mouvements. — Voir aux mots *glacies*, *glūten*.

B.-B. O.

glisco, **is**, *ere*, croître, se développer, s'étendre.

glisco (*g'l-isc-o*) pour **c'r-isc-o* (138), qui suppose un antéc. **c'r-ix* (87); cf. **c'r-ex*, antéc. de *cresc-o* « croître »; voir à ce mot et à *germen*.

B.-B. O.

globus, i (*m.*), objet rond, sphère, globe, peloton, foule (attroupement).

Dér. : — *glob-o*, *as*, « arrondir, former un globe ».

Comp. : — *con-glob-o*, *as*, « réunir en mettant en boule ».

Dér. : — *glob-ōs-us*, *a*, *um*, « sphérique »;

glomus, *mer-is* (*n.*), « peloton »;

glomer-o, *as*, « mettre en pelote, en masse, concentrer, accumuler »;

glomer-ā men, min-is (*n.*), « peloton, agglomération ».

Comp. : — *ag-glomer-o, as,* « ajouter à une masse, réunir en forme de boule » ;

con-glomer-o, as, « mettre en peloton ».

globus pour **g'l-og vus* (143) ; *glomus* pour **g'l-on(g)-vus* (142 et 145), — rad.. **g'l-ong* (**g'l-onx*), **g'l-og,* au sens primitif commun d' « entourer, envelopper, arrondir, grossir ».

Formes appar. : βόλϐος (*γϝολγϝος), *bulbus* « oignon, en tant qu'arrondi ; » (voir à ce mot) ; *volvo* (**gvol-gv-o*) « rouler, mouvoir circulairement » (voir à ce mot) ; *vulva* au sens premier d' « enveloppe », pour **gvulg va* (voir à ce mot) ; *vulg-us* au sens de « foule » en tant que groupée, pelotonnée, pour **gvul-g(v)-us* (voir à ce mot) ; γέλγις (*γϝελγϝις) « gousse d'ail », etc.

B.-B. « dans *globus* et *glomus,* il y a permutation de *b* et *m* ».

glōria, æ (*f.*), renommée, gloire.

Comp. · — *in-glōr-i-us, a, um,* « sans renommée, sans gloire ».

Dér. : — *glōr-i-or, ar-is,* « se glorifier, se vanter » ;

glor i-āt io, ōn-is (*f.*), « action de se glorifier » ;

glor i-ōs-us, a, um, « glorieux; vaniteux » ;

glor-i-ol-a, æ (*f.*), « faible gloire ».

glōria pour **g'l-ōs-ia;* rad. *g'l-ōs* (*'g'l-oss*, **g'l-ōx*(90)) au sens premier de « bruit, parole » ; cf. γ'λ-ῶσσ-α « langue, langage, parole ». De la même famille que κήρ-υξ « héraut » ; cf. aussi κ'λ-άζ-ω, κ'λ-ώζ-ω « crier » ; *clango* m. s. (voir à ce mot).

B.-B. *glōria* vient d'un ancien subst. neutre **clovos.*

glōs, glōr-is (*f.*), belle-sœur, sœur du mari.

Le gr. homér. γαλ-όως [γαλ-ό(σ)-ως], m. s., nous ramène

pour *glōs* à des antécédents **gal-ōs*, **gel-ōs*, **gal-ox*, dont le sens primitif nous est inconnu.

B.-B. ne donne pas ce mot.

glūbo, is, *-psi*, *-ptum*, *-bere*, peler, écorcer.

Cf. γλάφ-ω, « creuser, entailler »; γλύφ-ω, « tailler, sculpter » — Voir aussi aux mots, *scalpo*, *sculp-o*. — Le sens primitif commun est « séparer, couper, tailler ».

B.-B. ne donne pas ce mot.

glūten, -tin-is (*n.*), colle, gomme, glu

Dér. : — *glūtin-o, as*, « coller »;

glutin-at-or, or-is (*m.*), « relieur (en tant qu'il emploie la colle) ».

Comp. : — *ag-glutin-o, as*, « coller ensemble »; *con-glutin-o, as*, m. s.

g'l-ut-en, rad. *g'l ut*; cf. γλοιός (*γλοισσ-ος, *γλοισ-ος) « glu »; (γ)λ'ισσ-ός « lisse »; (γ)'λεῖος pour *γ'λεισσ-ος « lisse »; γ'λία (*γ'λισ-α, *γ'λισσ-α) « terre grasse »; ὀ-λισθ-άν-ω, rad. (*γϝ)ολ-ισθ « glisser »; γ'λ ιττ-όν « glu » (Hésych.). — Le suff. *ut* (de *g'l-ut-*) et ses var. οισσ, ισσ, ισθ, ιττ (55, 101, 102) résultent du dentalisme de la guttur. conservée à la fin du rad. γ'λισχ de γ'λ-ισχ-'ρ-ός « glissant, visqueux ».— Cf. aussi (γ)'λίσπος, (γ)'λίσφος pour *γ'λισκ-ϝος, *γ'λισχ-ϝος « usé par le frottement, poli » (143); (*g*)'*lubricus* (**g'lug-v'r-ic-us*). — Voir aux mots de même famille *gelu*, *glacies*, *glis*.

B.-B. O.

glūtio et **gluttio, is, īre**, avaler, engloutir.

Dér. : — *g'l ut-o, ōn is* (*m.*), et *g'lutt-o*, « glouton ».

Comp. : — *in-g'luvies*, *iēi* (*f.*), pour **in-g'lu(t)-vies* (ou **in-g'luc-vies*), « jabot », aussi « voracité ».

Le rad. *g'l-ut*, *g'l-utt*, au sens d' « avaler », est très probablement pour **g'l-uct*, **g'lux* (88); voir aux mots *gula* (**gul'g-va*), *gurges* (et **gurg-(v)es*).

B.-B. renvoie au mot *gula*.

gnārus, a, um, qui connaît.

Comp. : — *i-g'n-ār-us*, *a*, *um*, « ignorant »;

i-gnōr-o, *as*, « ignorer »;

i-gnōr-ant-ia, *æ* (*f.*) }
i-gnor-āt-io, *ōn is* (*f.*) } « ignorance »;

Dér. : — *narro*, *as*, « faire connaître, dire »;

narr āt-io, *on-is* (*f.*), « information, récit »;

narrāt i-unc-ul-a, *æ* (*f.*), « petit récit »;

narr āt or, *ōr-is*, « informateur, narrateur ».

Comp. : — *ē-narr o*, *as*, « conter en détail, expliquer »;

ē-narr āt-io, *ōn is* (*f.*), « exposé, discours »;

re-narr o, *as*, « raconter de nouveau ».

g'n ār-us, rad. *g'n-ār* pour **g'n-ās*, **g'n-ass*, *g'n-ax* (90).

g'n-or o, rad. *g'n-os*, **g'n-oss*, **g'n-ox* (90), d'où *g'n-osc-o* (87), *n-osc-o* (voir a ce mot). L'arch. *gnarigare* « raconter », suppose un antéc. **g'n ār-ix*, d'où **g'n-ār-iss*, *g'nār's*, **g'n'arr* (151), d'où enfin le rad. (*g*)*narr* de (*g*)*narr-o*, etc.

B.-B. renvoie à *nosco*.

gnāvus ou **nāvus, a, um**, (qui connaît), expérimenté, apte, habile, actif.

Comp. : *i-g'navus*, *a*, *um*, « indolent, inactif, lâche, paresseux »;

i-gnāvi-a, *æ* (*f.*), « inaction, lâcheté ».

Dér.: — *nāv-o, as,* « agir avec compétence et diligence »; *nāv-it-er*, adv., « avec activité » ; *nāv it-as, āt is* (*f.*), « activité ».

gnāvus pour **g'n-āg-vus* (142) ; rad. **g'n-ag* pour **g'n-ax* (92, 95), au sens primitif de « connaître ». — Voir aux mots *gnārus* et *nosco.*

B. B. La rac. est la même que dans *gnā-rus, gnō-sco*

gracilis, is, e ; arch. *gracilus, a, um; gracilens, ent-is; gracilent-us, a, um*, grêle, maigre, mince.

Dér.: — *gracil-it-as, at-is* (*f.*), « maigreur ».

grac-il-is, probablement d'un antéc. **cerax*, d'où **g'rax, grac* (cf. l'arch. *crac ens*, au sens de « mince »), var. de **c'rex* antéc. de *cresc-o* (voir à ce mot), au sens de « croître, s'étendre, s'allonger, s'amincir ». — Cf. le rapport sémantique de *macer* (voir à ce mot) avec μακρός.

B.-B. O.

grăculus, i (*m.*), geai.

grāc-ul us, rad. *g'r-āc, *g'rax*, probablement de la même famille que κόραξ « corbeau », κραυγή « cri » et κρέκ-ω « crier »; voir au mot *corvus* (**cor'c-vus ?*; le geai serait le « petit corbeau ». — Cf. aussi le gr. κολοιός « geai » pour *κολο·(σ)-ος, *κολοισσ-ος, *κολοιξ-ος.

B. B. O.

gradus, ūs (*m.*), fait d'aller, allure, pas, marche.

Dér.: — *grad-ior, eris, gressus sum, gradi*, « marcher ».

Comp.: — *ag-gred-ior*, « aller vers, aborder » ; *ag-gress-io, ōn-is* (*f.*), « fait d'aller vers, d'attaquer »; *con gred-ior,* « marcher avec, rencontrer, combattre » ; *con-gress-us, us* (*m.*), « rencontre, combat »; *dē-gred-ior*, « sortir de, s'éloigner »; *dī-gred-ior*, m. s.;

dī-gress-us, ūs (*m.*), } « départ, digression »;
dī-gress-io, ōn-is (*f.*), }

ē-gred-ior, « sortir de »;

ē-gress-us, ūs (*m.*), « sortie »;

in-gred-ior, « s'avancer vers, entrer »;

in-gress-us, us (*m.*), « entrée »;

præ-gred-ior, « marcher devant »;

præ-gress-io, ōn-is (*f.*), « action de devancer »;

pro-gred-ior, « s'avancer »;

pro-gress-us, ūs (*m.*), « marche en avant, progrès »;

pro-gress-io, ōn-is (*f.*), m. s.;

re-gred-ior, « rétrograder, revenir »;

re-gress-us, ūs (*m.*), « retour »;

trans-gred-ior, « passer outre »;

trans-gressio, on-is (*f.*), « fait d'aller au delà du droit, de transgresser »;

Dér.: — *gress-us, ūs* (*m.*), « marche, pas »;

grad-āt-io, ōn is (*f.*), « marche d'escalier, gradin »;

grad-ātim, adv., « pas à pas »;

grad ār-ius, a, um, « qui a le pas doux »;

grass-or, aris, « marcher, s'avancer, rôder »;

grass-āt or, ōr-is (*m.*), « rôdeur, bandit »;

Rad *g'r ad*, *grass*, var. dénasalisées de *g'r-and* dans *grand-is* (voir à ce mot ainsi qu'à *cresco, crassus, grossus*), au sens primitif commun de « s'étendre, progresser, croître ».

B.-B. O.

grāmen, min-is (*n*), gazon. herbe, tige du blé.

Dér.: — *grāmin-eus, a, um*, « qui concerne le gazon ».

Le sens premier est « pousse végétale, produit végétal ». — *gramen*, soit pour *g'r-ā-men* (rad. *g'r*, cf. *ger-o*), synonyme à l'origine de *ger-men* et composé des mêmes éléments morphologiques, soit pour *g'rā(g)-men, rad. *g'rāg, *crax, var. de *crex d'où cresc-o au sens primitif commun de « pousser ». Voir aux mots cresco, germen, gero, grānum.

B.-B. O.

grammatica, æ (*f.*).
et *grammaticē, es* (*f.*), « grammaire ».
Dér. : — *grammaticus, a, um,* « relatif à la grammaire » ; aussi subst. au sens de « grammairien ».
Mots empruntés : gr. γραμματική, γραμματικός ; — dérivés de γράμμα au sens de « caractère (de l'alphabet), lettre ».
— Rad. γραφ au sens de « graver ». — Voir aux mots *scalpo, sculpo*.
B.-B. : Emprunts au grec.

grandis, is, e, grand, fort, gros, haut
Comp. : — *grand ævus, a, um,* voir au mot *ævum ;*
grandi loquus, a, um, « qui parle avec emphase, grandiloque ».
Dér. : — *grand-i usc-ul-us, a, um,* « un peu grand » ;
grand-ic-ul-us, a, um, « assez grand » ;
grand-esc-o, is, « croître, grandir » ;
grand-it-as, āt-is (*f.*), « grandeur ».
Comp. : — *per-grand-is, is, e,*
et *præ-grand-is, is, e,* « très grand ».
grand i o, « grandir, faire grandir ».
g'rand-is suppose un antéc. *c'r-anx, dont *crass* pour *c'r-ax, c'r-ats* (97), dans *crass-us* (voir à ce mot et à *grossus*), est une var. dentalisée à la finale avec perte de la nasale primitive. — Pour le sens, cf. surtout celui de *cresco* (*c'r-esc-o*), « croître, grandir, grossir ».
B.-B. Parenté probable entre *grandis* et *gradus*.

grando, din-is (*f.*), grêle.

Dér.: *grandin-at*, « il grêle ».

Rad. *g'r-and-(o)n*; cf. χάλ-αζ-α « grêle », au sens premier de « ce qui déchire, détruit »; cf. aussi le rad. *χαραζ «impliqué par χαράσσ-ω, χαράττω (95 et 97), au sens d' « entailler », et voir aux mots *clādes* et *gladius*.

B.-B. O

grānum, i (*n.*), grain, graine, semence.

Dér.: — *gran-ār-ia, iōr um* (*n. pl.*), « lieux où l'on met les grains, greniers ».

Comp.: — *grāni-fer, -fer-a, fer-um*, « qui transporte des grains ».

granum, soit pour **g'r ān-um*, même rad. et même sens premier que pour *germen* et *gramen* (voir à ces mots ainsi qu'à *gero*), — soit pour *g'r-a(g)-'n-um* d'un rad. **grag*, **crax* expliqué aux mots *germen, grāmen*. Le grain serait proprement « la semence, le germe, ce qui fait croître la plante »

B.-B. O.

graphium, ii (*n.*), poinçon pour écrire, stylet.

Dér.: — *graphi-ār-ius, a, um*, « qui concerne le poinçon à écrire »;

graphi-ar-ium, ii (*n.*), « étui pour les poinçons à écrire »;

graph-ic-us, a, um, « qui concerne la gravure (ou la peinture), pittoresque ».

Emprunts des mots γραφ-ίον, γραφ-ικ-ός; rad. γραφ (voir au mot *grammatica*).

B.-B.: emprunts au grec

grātus, a, um, rendu joyeux par quelque chose d'agréable, d'où reconnaissant

Comp.: — *in-g'r-ā tus, a um*, « ingrat, qui ne donne pas de témoignages de joie et de reconnaissance pour un bienfait, ou une faveur »;

per-g'r-ā-tus, a, um, « très gratifié ».

Dér. : — *gr-āt-ia, æ* (*f.*), « faveur (cause de joie), reconnaissance » ;

in-g'r-āt-ia, æ (*f*), « mécontentement, ingratitude » ;

gratiis, grātis, adv., « pour faire plaisir, par faveur, gratuitement » ;

in grātiis, in-grātis, adv. « sans intention complaisante, à regret » ;

grat-i-os-us, a, um, « qui favorise, fait plaisir, obligeant » ;

grāt-es (*f. pl.*), « marques de plaisir, actions de grâces, remerciements » ;

grat-or, ar-is, « remercier, féliciter » ;

grat-ul-or, ār-is, « témoigner sa joie, complimenter, féliciter » ;

grat-ul-at-io, on-is (*f.*), « marque de joie, félicitation » ;

grāt-uīt-us, a, um, « accordé par faveur, sans rétribution » ; cf. *gen uin-us* et *in-gen uit-as.*

Comp. : — *grāti-fic-or, ār is,* « rendre joyeux, obliger, gratifier » ;

grāti-fic-āt-io, ōn-is (*f*), « fait de causer du plaisir ».

grās* (d'où pl. *grāt-es*) pour **g'r ants,* part. pr. auprès du rad. *g'r(r)* pour **g'r-s* (151) ; cf. rad. sansc. *har-'s* (pour **har-'x*) au sens premier de « s'agiter, être vif, gai, joyeux ». — *g'r-at-us* dérivé eu égard à *grās,* (grāζ,* **grānζ*), au sens premier de « joyeux ». — Cf. aussi gr. χαίρ-ω (éol. *χάρρ-ω) « se réjouir », rad. χαιρ pour *χαιρ-'ς, *χαιρ-'ξ ; — rad. χαρ dans χάρ-ις « joie ». — A la même famille se rattache encore *horreo* pour **hor-'s-e-o* (voir à ce mot, au sens premier de « s'agiter, frémir (d'horreur) ».

B.-B. : Rapprochements partiellement analogues ; différences graves eu égard à l'évolution phonétique et sémantique.

gravis, is, e, lourd, pesant.

Dér. : — *gravi-ter*, adv., « lourdement » ;

grav-it-as, āt-is (*f.*), « pesanteur » ;

grav-o, as, « charger, alourdir » ;

ag grav-o, as, « ajouter à une charge, surcharger » ;

grav-āt-ē, adv., « à charge, à regret » ;

grav-āt-im, adv., « lourdement » ;

grav-id-us, a, um, « chargé, plein, rempli » ;

grav ēd-o, din-is (*f.*), « lourdeur de tête » ;

grav-ēd-in ōs-us, a, um, « sujet à avoir la tête lourde » ;

grav-esc o, « devenir lourd ».

L'explication habituelle : *gravis* — βαρύς est insuffisante, eu égard à la finale *avis*, qui devient claire si on restitue un antéc **gra(d)-vis* [cf. *sua(d) vis*] = βραδ-ύς (*γϝ'ρα-δυς) au sens de « lent, lourd » ; cf aussi βριθ-ύς « lourd, pesant », β'ρ-ίζ-ω « être alourdi (par l'ivresse) », *brutus* (**gv'r-ut-us*) « lourd, inintelligent », et *gurd-us* « lourd (surtout au moral) », d'où fr. *gourd* et *en-gourdir*. — Une hypothèse qui concilierait tout serait d'admettre un antéc. commun ind.-eur **gvar-vat-vis*, d'où, avec forte contraction à la finale, sansc. *guru(t)s*, gr. βαρύ(τ)ς, goth. *kaur(t)s*, lat *gra(d)vis* (contraction interne pour ce dernier).

B.-B. rapproche *gravis* pour *garvis* de βαρύς et du sansc. *guru-s*, m. s.

gremium, ii (*n.*), sein, giron.

Pour **g'r-emb ium*, au sens premier probable de « matrice », en tant que le fœtus est enveloppé par elle. — Cf. rad. sansc. *grabh*, **grambh* au sens de « prendre, serrer, embrasser, envelopper, contenir », d'ou *garbh-as* au double sens de « la matrice » ou le fœtus qu'elle contient. — Cf. aussi (γ)βρέφ ος « la portée, ce qui est dans la matrice, le fœtus ».

B. B. O.

grex, gregis (*m.*), foule, troupe, troupeau.

Dér. : *greg ār-ius, a, um*, « de la foule, du troupeau » ;

greg-āl is, is, e, « qui vit en troupeau » ; au plur. *greg-āl-es, ium* (*m*), « compagnons, amis » (de la même troupe) ;

greg-o, as, « attrouper »

Comp. : — *ag-greg-o, as*, « rassembler » ;

con-greg-o, as, « réunir en troupe » ;

con-greg-at-io, ōn-is (*f.*), « foule, association, congrégation » ;

sē-greg-o, as, « isoler, séparer » ;

sē grex, gregis, « isolé, séparé » ;

greg-āt-im, adv., » en troupe » ;

ē-greg-ius, a, um, « qui est hors de la foule, hors du commun, — distingué, éminent » ;

grex pour **c'r-ex* (95), antéc. rad. de *cresc o* au sens de « croître, s'accroître (en grosseur ou en nombre) », d'où « être nombreux, former une troupe ». Cf aussi *crēber* (voir à ce mot) pour **c'reg-ver*, au sens d' « épais, serré, nombreux ».

B.-B. O.

grossus, a, um, gros, épais ; au sens étymologique, ce qui a crû, ce qui a pris de la force ou de la grosseur

grossus pour **c'r-oss-us*, rad *g'r ox* (90), var. du rad *c'r-ex* (59) dans *cresc o* (voir à ce mot ; cf. aussi *crassus*, rad. *c r-ax* et peut-être κολοσσ-ός « statue de dimensions gigantesques) »

B.-B. ne donne pas ce mot.

grundio et **grunnio, is, īre,** grogner (en parlant du cochon).

Dér. : — *grunn-it-us, ūs* (*m.*), « grognement »

g'r-und-io, } parenté possible pour la base radicale *g'r*
g'r-unn-io, } avec *garr-io* (voir à ce mot).

L'onomatopée, malgré le très petit nombre de vocables latins qui en portent la trace, est peut-être pour quelque chose dans le développement de ces formes

B.-B O.

gruo (tombé en désuétude à l'emploi isolé).

Comp : — *con-gruo, is, i, ere,* « se réunir, s'accorder » ;
con-g'r-uent ia, æ (*f.*), « conformité, régularité » ;
con-g'r uus, a, um, « conforme, convenable » ;
in-g'r-uo, is. « fondre sur ».

Rad. *g'ru,* dont *ru* dans *ruo,* au sens de « tomber, se jeter sur », est probablement une var. tronquée (voir à ce mot).

B.-B. attribue à *gruo* le sens de « tomber ».

grūs, gruis (*f.*), grue (oiseau).

g'r-us pour *g'r* + suff. primitif *vans* (55) ; cf rad. γερ-αν- dans γέρ-[ϝ]αν-ος, m. s., et *ch'r-an-* dans le vhall. *ch'r-(v)an-uh,* m. s.

Le sens premier est incertain.

B.-B. O.

guberno, as, diriger un navire, gouverner (dans tous les sens du mot).

Dér. : — *gubern-āt-io* (*f.*), « action de gouverner » ;
gubern-āt-or, ōr-is (*m.*), « pilote, administrateur » ;
gubern-āt-'r-ix, īc-is (*f.*), « celle qui gouverne » ;
gubern-āc-ul-um, i (*n.*), « gouvernail ».

Rad. *gubern-* emprunté à celui de κυβέρν-ά-ω « diriger ». —

κυϐ-ερ-'ν, du rad. simple κυϐ, apparenté à celui de κόπτ-ω « pousser », κοπ dans κόπ-ος « coup, poussée », et κόπ η « rame », — ce avec quoi l'on pousse ou l'on gouverne un bateau ; cf. aussi rad. sansc. *kšubh* (87 et 92) « pousser ».

B.-B Mot emprunté au grec κυϐερνάω

gula, **æ** (*f.*), gueule, primitivement ouverture.

Dér. — *gul-os-us, a, um,* « glouton, goulu ».

gula paraît inséparable de la famille réunie aux mots *glutio* et *gurges ;* dans cette hypothèse, ce mot serait pour **gul-'g-va, *gul(gv)a* (141 et 142).

gula pourrait toutefois se rattacher directement au rad. de *voro* (pour **gvoro*) ; voir à ce mot.

B.-B. « La rac. *gul* « avaler » se retrouve avec métathèse dans *glūtio* »

gurges, **-git-is** (*m.*), ouverture béante, abîme, gouffre.

Dér. : *in-gurg-it-o, as,* « engouffrer ».

Rad. *gurg* pour **gur-'x,* — cf. *vor ax* (et *vor-āg-o*) pour **(g)vor ax; gur-'g-ul-io* « œsophage » ; γ(Ϝ)αρ-'γ αλ-έων « luette » ; γ(Ϝ)αρ-'γ αρ-ίζ-ω « se lotionner la gorge » ; (γ)ϐ'ρ-όγχ-ος « gorge, bronches », γ(Ϝ)έρ-'γ-ερ-ος (Hésych) « bronches » ; *(γ)ϐ'ρ-ωξ, d'où βι-ϐρώσκ-ω. — Se rattachent encore à la même famille χ(Ϝ)αρ-αξ (d'où χαράσσ-ω) χαρ-αδ-'ρ-α, (γ)ϐαρ-αθ-'ρ-ον « gouffre ». — Sens premier « ouvrir, s'ouvrir », d'où « engloutir, dévorer, manger ».

B.-B. O.

gustus, **ūs** (*m.*), action de goûter, perception de la saveur, goût.

Dér. : — *gust-o, as,* « goûter » ;

gust-āt-us, ūs (*m.*), « goût, — fait et faculté de goûter ».

Comp. : — *in-gust-ā-tus, a, um,* « dont on n'a pas goûté » ;

dē-gust-o, as, « goûter à quelque chose »;
præ-gust o, as, goûter à titre d'essai »;
præ-gust a-tor, or-is, « dégustateur, échanson ».

Rad. *gus, gust-*, au sens premier de « distinguer, apprécier »; cf. sanscr. *još-as* « satisfaction »; rad. gr. *γευς dans γεύ(σ)-ω « goûter, jouir de »; goth. *kius-an* « apprécier ».

B.-B. Rapprochements partiellement semblables.

gutta, æ (*f.*), goutte.

Dér. : — *gutt-āt im*, adv., « goutte à goutte »;
gutt-ul-a, æ (*f.*), « petite goutte ».

Rad. *gutt* pour **guts* (103, 104); cf. rad. *fūs* pour **futs*, **χ/uts*, dans *fus-us*, etc. (voir aux mots *fundo*, *fons*).

B.-B. O.

guttur, ur-is (*n.*), gosier, gorge, ce par quoi coule la boisson (cf. le sens étymologique du fr. *gouttière*).

Même rad. que celui de *gutt-a* (voir à ce mot). — Cf. aussi *gutt-us* « vase à col étroit dont on faisait couler le contenu liquide goutte à goutte », — même rapport sémantique que celui de χύ-τρος, χύ-τρα, χυ-τρίς, au sens de « vase », avec χέω « verser ».

B.-B. O.

gymnasium, ii (*n.*), gymnase.

Dér. : — *gymn-ast-ic-us, a, um,* « gymnastique »;
gymn-ic us, a, um, « relatif à la gymnastique, aux exercices du corps auxquels on se livrait à nu ».

Emprunts au gr. : γυμν-άσ-ιον, γυμν αστ-ικ-ός, γυμν-ικ-ός. Le primitif γυμνός « nu, dépouillé, privé de, pauvre, faible », est peut-être en rapport étymologique avec σκύμνος (92 et 95) « petit d'un animal », au sens primitif de

« petit, faible, pauvre »; cf. κῦμα au sens de « fœtus «.

B B. Mots empruntés.

gynæceum, **i** (*n*), gynécée, appartement des femmes.

Emprunt au gr. γυναικεῖον, dérivé eu égard à γυνή (gén. γυναικός, rad *γυν-αιξ). — Voir au mot *gigno*.

B.-B. Mot emprunté.

gypsum, **i** (*n.*), plâtre.

Dér. : *gyps-a-tus*, *a*, *um*, « enduit de plâtre ».

Emprunt au gr. γύψος, m. s., qui paraît avoir été emprunté lui-même au persan *gibs*.

B.-B. Mot emprunté.

gyrus, **i** (*m.*), cercle, tour, rond.

Emprunt au gr. γῦρος ; cf. *curvus*, qui est probablement de la même famille.

B.-B. Mot emprunté.

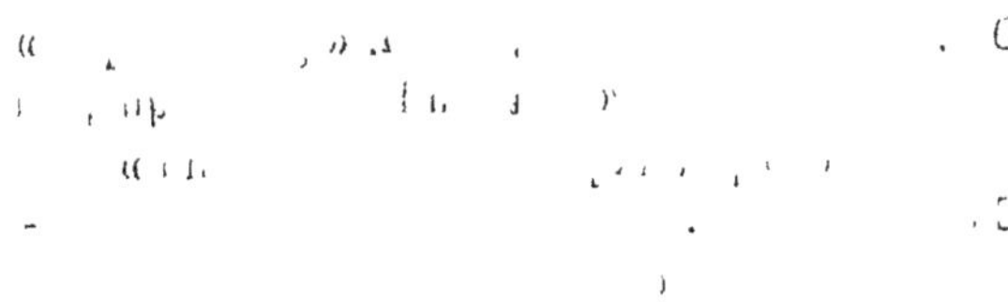

Chalon-s-Saône. Imprimerie Française et Orientale, E. BERTRAND

PRINCIPAUX OUVRAGES DU MÊME AUTEUR
Relatifs a la Linguistique

Origine et Philosophie du langage ou **Principes de linguistique indo-européenne.** 1 vol. in-12°. — Paris, Fischbacher, éditeur (ouvrage honore du prix Bordin) **3 fr 50**

Éléments de grammaire comparée du grec et du latin. 2 vol. in-8°. — Paris, A. Colin, éditeur.. . **12 fr.**

Éléments de grammaire comparée des principaux idiomes germaniques. 1 vol. in 12°. — Paris, Le Soudier, éditeur.. ... ... **3 fr.**

Dictionnaire étymologique de la langue allemande. 1 vol. grand in 8°. — Paris, Fontemoing, éditeur.

www.ingramcontent.com/pod-product-compliance
Ingram Content Group UK Ltd.
Pitfield, Milton Keynes, MK11 3LW, UK
UKHW020223200726
13856UKWH00004B/1588